Annette Moser

Geschichten vom kleinen Welpen

Illustriert von Dorothea Ackroyd

www.leseloewen.de

ISBN 978-3-7855-8422-4
1. Auflage 2017
© Loewe Verlag GmbH, Bindlach 2017
Illustrationen: Dorothea Ackroyd
Umschlaggestaltung: Ramona Karl
Reihenlogo: nach einem Entwurf
von Angelika Stubner
Printed in Italy

www.loewe-verlag.de

Inhalt

Nino allein zu Haus! 8

Ein Tag in der Schule 16

Wo ist Ninos Knochen? . . . 24

Eine Freundin für Nino . . . 30

Nino allein zu Haus!

Nino ist ein kleiner 🐕 mit

weißem 🦴, braunen 👂 und

braunen 👀. Er wohnt bei Tim

und seinen 👫 in einem

schönen 🏠 mit 🌳.

Heute muss die 👨‍👩‍👧‍👦 mit

dem 🚗 weg.

„Wenn du brav bist, bringe ich dir ein  mit", verspricht Tim.

Als die 🚪 zufällt, ist es plötzlich ganz still im 🏠. Nino holt seinen 🏐. „Willst du mit mir spielen?", fragt er den 🐟 Flossi.

„Tut mir leid", blubbert Flossi.

„Aber ich muss im  bleiben."

Nino klettert auf den .

„Dann komme ich eben zu dir." Er

steckt seine  in das

und  schwappt auf den .

„Nein!", ruft der 🐟. „Um schwimmen zu können, brauchst du doch 🪶! " Nino lässt traurig die 👂 hängen. „Mach dir nichts draus. Dafür hast du vier 🐾 🐾", tröstet ihn Flossi.

„Stimmt!", ruft Nino und springt

wie ein  durchs .

Dabei platscht er in die   und

hinterlässt überall    : auf

dem , dem  und

dem .

„Oje! Jetzt bekomme ich bestimmt kein 🎁 von Tim", denkt Nino. Als die 🚪 aufgeht, versteckt er sich rasch hinter der 🪟 . „Nino, wo bist du?", ruft Tim. Da entdeckt er auch schon Ninos 🐕 .

„Ich hab dich!", ruft er. Mit

eingezogenem 🐕 kommt

der kleine 🐕 hervor. Tim muss

lachen, als er Ninos 🐾 sieht.

„Das ist doch nur 💧", sagt er.

„Das trocknet wieder."

Dann bekommt Nino sein :

ein blaues . „Was für ein

feiner du bist", sagt Tim.

Glücklich schleckt Nino Tims .

Dann holt er schnell den .

Endlich spielt jemand mit ihm.

Ein Tag in der Schule

Nino vergräbt gerne

im . Er spielt auch gerne

oder kaut auf alten  herum.

Aber am allerliebsten versteckt

er sich und Tim muss ihn suchen.

„Wuff-wuff!", bellt der kleine

auch heute früh.

Das heißt: „Los, such mich!" Tim deutet zur . „Okay, aber beeil dich! Gleich muss ich in die !" Nino fetzt los. Soll er sich im  verstecken? Oder in der ? Da entdeckt er Tims .

Neugierig schaut der kleine

hinein. Er sieht  und

und eine . Die riecht lecker

nach . Nino klettert in

den . Er wühlt mit der  in

der , bis er Tims  erwischt.

Mmh, die schmecken! Satt rollt

sich der kleine  zusammen

wie ein . Dann fallen ihm

die  zu. Plötzlich schrillt

eine . Nino springt hoch.

Bumm!, macht sein .

Um ihn herum ist es stockdunkel.

Der kleine  winselt ängstlich.

Schließlich wird es hell. „Ach, hier bist du!", ruft Tim erstaunt. Nino hüpft aus dem . Auf einmal sieht er noch viele andere .

Alle lachen und strecken ihre 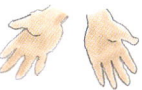 nach ihm aus. Eine  ist auch dabei. „Was für ein süßer !", sagt sie. Nino darf heute im  bleiben.

Er schnüffelt an der ✏️ und

dem 🧽, lässt sich von

den 👫 die 👂 kraulen und

bekommt noch mehr 🥪.

Schließlich bringt ihn Tim

nach 🏠.

„Wuff-wuff!", bellt Nino.

Das heißt: „Ich fand es toll in

der 🏠! Morgen komme ich

wieder mit."

Wo ist Ninos Knochen?

Nino steht am 🪵. „Hier irgendwo muss mein 🦴 liegen", denkt er. Mit den 🐾🐾 buddelt er ein 🕳 in die 🟫. Aber er findet nur ein 🌶. „Vielleicht doch hier?", überlegt er und gräbt ein neues 🕳.

Verwundert kneift Nino die  zusammen und betrachtet die  vor sich. Nein, sein  sah anders aus. Nino buddelt und buddelt, aber es kommen nur noch mehr  und  aus der .

Bald sieht das  aus wie eine . Plötzlich kommt Tim angerannt. „Was hast du bloß angestellt?", ruft er. Tim hat  dabei, eine  und eine .

Erst macht Tim ein grimmiges .

Aber dann schielt er grinsend zum 🏠. „Pst", flüstert er und legt seinen 👆 an die 👄. Schnell hebt er alle 🫐 und 🥕 auf und wirft sie in die 🪣. „Eigentlich hast du mir geholfen", sagt er zu Nino.

„Jetzt brauche ich wenigstens nichts mehr ernten." Dann macht er mit seiner 🪏 Ninos 🕳 zu und klopft die 🟫 glatt. Später bekommt Nino einen neuen 🦴.

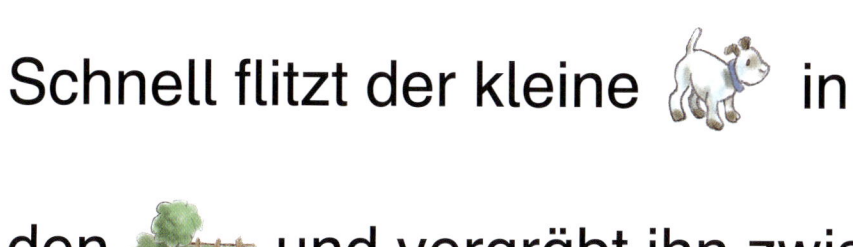

Schnell flitzt der kleine 🐕 in den 🌳 und vergräbt ihn zwischen den 🌸. „Diesmal merke ich mir ganz genau, wo der 🦴 liegt", denkt er. „Und wenn nicht, ernten Tim und ich eben 🌸."

Eine Freundin für Nino

Nino steht im 🌳 am 💧. Auf einmal macht er große 👁. Da ist ja noch ein kleiner 🐕, direkt vor ihm im 🌊! „Willst du mit mir 🔴 spielen?", fragt Nino. Aber der 🐕 antwortet nicht. Dafür hört er es am 🚧 kichern.

Es ist Mila, die kleine  von nebenan. Nino fletscht die .

„Hau ab,   mögen keine !", knurrt er. „Das kommt daher, weil  dumm sind", antwortet Mila.

„Sonst wüsstest du auch, dass der 🐕 im 🪷 du bist. Dein  spiegelt sich im 💧." – „Klar weiß ich das", brummt Nino ärgerlich.

„Trotzdem könnt ihr 🐕🐕 noch viel von uns 🐈🐈 lernen", maunzt Mila.

„Wetten, dass du nicht den  hinaufkommst?" Nino kratzt mit den am . Aber er rutscht immer wieder ab. „Jetzt ich!", ruft Mila. Die  saust wie der empor bis in die obersten .

Nino schnaubt verächtlich und läuft mit erhobenem 🐕 weg. Da spitzt er die 👂. „Miau", maunzt Mila kläglich. „Hilf mir, ich trau mich nicht mehr runter!" Nino macht auf den 🐾 kehrt und saust zurück. Erst will er Mila auslachen, aber dann tut ihm die 🐈 leid. Er rennt laut bellend zum 🏠.

Tims   erscheint am .

Er versteht sofort, was los ist,

und schleppt eine  herbei.

Damit holt er Mila vom .

„Hm", meint Mila später.

„Vielleicht sind ja doch nicht

alle 🐕 dumm. Wollen wir

zusammen 🔴 spielen?"

Mila sieht ihn erwartungsvoll an.

Der kleine 🐶 freut sich.

„Au ja! Und weißt du was?

Anschließend zeige ich dir,

wie man   vergräbt, mit

dem   wedelt und ordentlich

bellt. Ihr  könnt von uns

nämlich noch viel lernen!"

Die Wörter zu den Bildern:

 Welpe    Auto

 Fell    Geschenk

 Ohren    Tür

 Pfoten    Ball

 Eltern    Goldfisch

 Haus    Wasser

 Garten    Tisch

 Familie  Schnauze

 Aquarium
 Sessel

 Boden
 Gardine

 Flossen
 Schwanz

 Flummi
 Halsband

 Wohnzimmer
 Hand

 Pfütze
 Knochen

 Tapser
 Schuhe

 Teppich
 Uhr

 Sofa
 Schule

 Schrank
 Augen

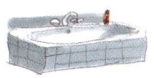 Badewanne
 Glocke

 Schulranzen
 Kopf

 Bücher
 Kinder

 Hefte
 Frau

 Papiertüte
 Klassen-zimmer

 Wurst
 Kreide

 Pausenbrote
 Schwamm

 Schnecken-haus
 Zaun

 Loch    Gesicht

 Erde    Zeigefinger

 Radieschen    Lippen

 Möhre    Blumen

 Beet    Teich

 Baustelle    Katze

 Gartenhand-    Zähne
schuhe

 Schaufel    Hunde

 Schüssel    Baum

 Stamm    Papa

 Blitz   Fenster

 Äste    Leiter

Annette Moser wurde 1978 in Hamburg geboren. Sie studierte Germanistik und Kunstgeschichte in Bamberg und in Rom. Danach arbeitete sie mehrere Jahre als Lektorin in einem Kinder- und Jugendbuchverlag. Sich selbst Geschichten auszudenken, war schon immer ihr Traum. Heute lebt sie mit ihrer Familie in Nürnberg und widmet sich ganz dem Schreiben.

Dorothea Ackroyd wurde 1960 in Herford geboren. Sie studierte Visuelle Kommunikation und Grafikdesign und arbeitet heute freiberuflich als Illustratorin, seit der Geburt ihrer Tochter hauptsächlich für Kinder- und Jugendbuchverlage.

**Lesen lernen ist nicht schwer.
Mit Stickern macht es richtig Spaß!**

- Drei spannende Geschichten zum Vor- und Mitlesen
- Viele schöne Malseiten
- Tolle Sticker, mit denen sich Fragen zum Text beantworten und lustige Rätsel lösen lassen

ISBN 978-3-7855-8390-6

ISBN 978-3-7855-8391-3

ISBN 978-3-7855-8392-0

ISBN 978-3-7855-8393-7

ISBN 978-3-7855-8394-4

ISBN 978-3-7855-8395-1

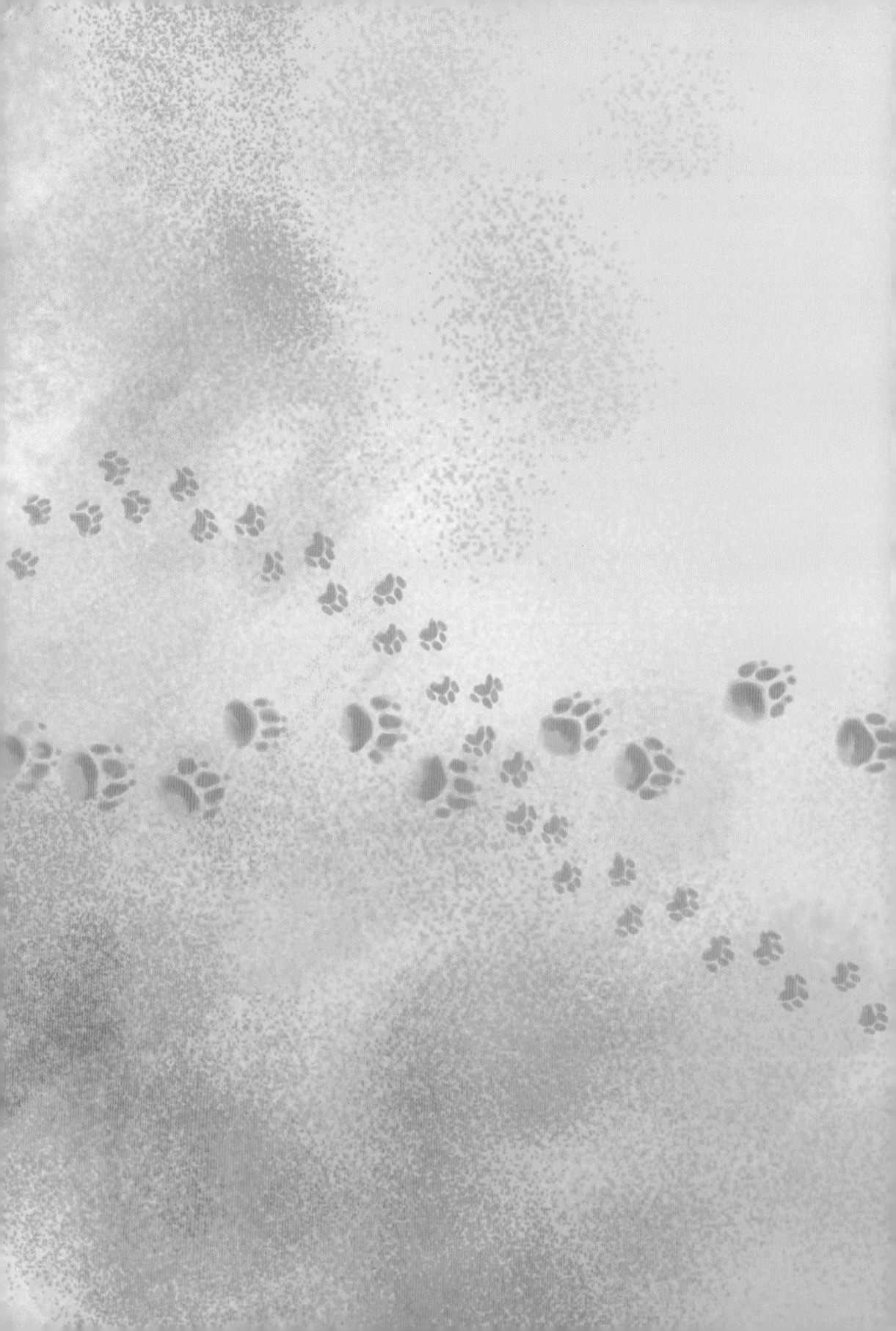